MW00617968

PARAMAHANSA YOGANANDA
(1893-1952)

PARAMAHANSA
YOGANANDA

TRIUNFAR
EN LA VIDA

Self-Realization Fellowship
FOUNDED 1920
Paramahansa Yogananda

RESEÑA DEL LIBRO: Las conferencias que aparecen en *Triunfar en la vida* se publicaron inicialmente por *Self-Realization Fellowship* en la revista trimestral *Self-Realization*, fundada por Paramahansa Yogananda en 1925. El autor impartió estas conferencias en la Sede Internacional de *Self-Realization Fellowship*, así como en el Templo de SRF en Encinitas (California), y fueron registradas taquigráficamente por Sri Daya Mata, una de las primeras y más cercanas discípulas de Paramahansa Yogananda.

Título de la obra original en inglés publicada por
Self-Realization Fellowship, Los Angeles (California):
To Be Victorious in Life
ISBN 0-87612-456-2

Traducción al español: *Self-Realization Fellowship*
Copyright © 2008 *Self-Realization Fellowship*
Todos los derechos reservados

Esta edición ha sido autorizada por el
Consejo de Publicaciones Internacionales de
SELF-REALIZATION FELLOWSHIP

En todos los libros, grabaciones y demás publicaciones de SRF aparecen el nombre y el emblema de *Self-Realization Fellowship* (tal como se muestran en esta página), los cuales garantizan a las personas interesadas que una determinada obra procede de la sociedad establecida por Paramahansa Yogananda y refleja fielmente sus enseñanzas.

Primera edición en español: 2008 (cartoné)
Self-Realization Fellowship

ISBN-13 978-0-87612-542-7
ISBN-10 0-87612-542-9
Impreso en Estados Unidos de América

1225-J885

Índice

Capítulo I

Capítulo II

Triunfar en la vida

Capítulo I

EXPANDE TU CONCIENCIA PARA ALCANZAR EL VERDADERO ÉXITO

———◆———

La puerta que conduce al reino de los cielos se encuentra en el centro sutil de la conciencia trascendental, situado en el entrecejo. Si enfocas tu atención en este asiento de la concentración, hallarás enorme fortaleza y ayuda espiritual en tu interior. Siente cómo se expande tu conciencia hacia la conciencia divina. Siente que no existen límites ni apego al cuerpo y que, en

---

Compilación de conferencias sobre este tema impartidas entre octubre y noviembre de 1939.

cambio, te aproximas cada vez más al reino de Dios, al cual puedes acceder a través del ojo espiritual[1].

Ora conmigo: «Padre Celestial, abre mi ojo espiritual para que pueda entrar en tu reino de omnipresencia. No me abandones, Padre, en esta región mortal de dolor. Condúceme de la oscuridad a la luz, de la muerte a la inmortalidad, de la ignorancia a la sabiduría infinita, y del sufrimiento al gozo eterno».

---

[1] El ojo único de la intuición y de la percepción omnipresente, situado en el *ajna chakra*, o centro crístico *(Kutastha)*, en el entrecejo. El ojo espiritual es el portal de acceso a los estados supremos de la conciencia divina. Al despertar el ojo espiritual y penetrar en él, el devoto experimenta en forma sucesiva estados de conciencia cada vez más elevados: supraconciencia, Conciencia Crística y Conciencia Cósmica. Los métodos mediante los cuales se puede lograr este objetivo forman parte de la ciencia de la meditación denominada *Kriya Yoga,* cuyas técnicas se enseñan a los estudiantes de las *Lecciones de Self-Realization Fellowship* de Paramahansa Yogananda.

El ilimitado poder espiritual que reside en nuestro interior

A medida que avanzas por los diversos y sinuosos senderos de la vida, busca, en primer lugar, la senda que te conduzca a Dios. Los *rishis* iluminados de la India nos legaron métodos que han superado la prueba del tiempo y que nos muestran el camino universal para vencer la incertidumbre y la ignorancia, cuando seguimos la estela de luz divina que ellos trazaron y que conduce directamente hacia la Meta Suprema. Las enseñanzas de *Self-Realization Fellowship* constituyen la voz de los maestros de la India, la voz de la verdad, la voz de la comunión científica con Dios, a través de la cual el nuevo mundo hallará el entendimiento, la emancipación y la salvación.

Únicamente cuando nuestra conciencia se identifica con Dios, alcanzamos la liberación final y la redención absoluta. Debemos, por lo tanto, esforzarnos al máximo para recibir de las manos divinas el «certificado de reconocimiento» de nuestro Padre Celestial, mediante el cual Él nos otorga la victoria sobre todas las cosas.

El mundo es tan sólo un campo de pruebas, en el que Dios verifica si desarrollamos el ilimitado poder espiritual que se halla en nuestro interior o si nos limitamos a disfrutar de las atracciones materiales. Él permanece en silencio, y es a nosotros a quienes nos corresponde elegir. Estoy convencido de que no nos equivocaremos si seguimos las enseñanzas que la India nos ha legado y en las cuales se han especializado sus grandes maestros. El regalo supremo que la India le ofrece al mundo es el conocimiento que le permite al ser humano encontrar a Dios por medio de métodos de aprendizaje gradual. Si estudias y aplicas las enseñanzas de *Self-Realization Fellowship* que he traído para ti de parte de los Maestros de la India, podrás hallar a Dios en esta vida. Te lo aseguro. Comienza ahora, antes de que la oportunidad se desvanezca y seas arrebatado de la Tierra.

Cada palabra que te llega a través de mí

proviene de Dios. Y todo aquello que te digo, lo he experimentado. Si practicas estas verdades comprobarás por ti mismo que todo cuanto estoy afirmando es real. Te ofrezco las pepitas de oro de la verdad; si las utilizas al máximo de su potencial te volverás rico en Espíritu. Mientras el mundo se mueve apresuradamente, sin saber hacia dónde, no desperdicies tú el tiempo en búsquedas insensatas. ¿Para qué correr en pos de un poco de dinero o de salud? No son más que callejones sin salida. En apariencia somos muy débiles: algo resulta mal y nos sentimos abatidos. Sin embargo, en cada hueso y cada músculo, en el fondo de todos nuestros pensamientos y actos de voluntad, se encuentra el infinito espíritu de Dios. Búscale y hallarás el éxito supremo. Sonreirás al mundo con una sonrisa que brota de tu interior y demostrarás que has encontrado algo mucho más grandioso que los tesoros materiales.

El verdadero éxito:
lograr una vida colmada de gloria y
felicidad, tanto para ti como para los demás

Muy pocas personas comprenden esa expansión de la conciencia que constituye el verdadero éxito. Han venido al mundo sin conocer las maravillosas facultades que poseen y, en su mayoría, viven sin esforzarse científicamente por desarrollar su potencial. Como resultado, su vida en este planeta es más o menos incierta. Sin embargo, en lugar de llevar una existencia descontrolada y sufrir el azote de los vientos de un destino aparentemente caprichoso, puedes controlar tu existencia a fin de organizar tu vida y hacer que rinda sus frutos: una expansión de la conciencia que traiga consigo el desarrollo integral de los potenciales divinos que yacen en tu interior.

Habrás obtenido el éxito cuando tu conciencia alcance tal grado de expansión que logres una vida colmada de gloria y felicidad, tanto para ti como para los demás. El éxito no se obtiene a expensas del prójimo. Habrás notado,

al viajar en automóvil, que hay invariable-
mente en la carretera algunos «pelmazos» que
conducen demasiado despacio y no permiten
que nadie los adelante. En la autopista de la
vida, ciertos individuos se comportan como
esos pelmazos: son obstinados y egoístas en su
modo de actuar; no progresan ni brindan a los
demás la posibilidad de hacerlo. Los avaros son
un ejemplo de este comportamiento: acumulan
riquezas en vez de utilizarlas con el fin de
crear oportunidades y bienestar para los demás. Entre todas las debilidades del hombre, el
egoísmo es uno de los demonios más nefastos,
y debe ser conquistado mediante el espíritu de
magnanimidad de nuestras almas.

El verdadero éxito nunca se reduce al
interés egoísta, sino que, por el contrario, se
expande en el servicio desinteresado. La flor,
aun cuando se halla ligada al tallo, extiende
por medio de su fragancia y belleza la esfera de
su utilidad. Algunas flores esparcen su aroma
hasta una cierta distancia; y las que carecen de
perfume, aun así, proyectan hacia el mundo su

belleza para brindarnos felicidad. Los árboles se expanden al prodigarnos su fresca sombra y sus deliciosas frutas, y al transformar los desechos de dióxido de carbono en oxígeno para que podamos respirar. El lejano sol, aparentemente pequeño en el cielo, irradia energía más allá de sus confines para suministrarnos luz y calor. Las estrellas comparten con nosotros el gozo de su resplandor diamantino. Todas las expresiones de Dios en la naturaleza emiten una vibración que de algún modo es provechosa para el mundo. Tú eres Su creación suprema; ¿qué estás haciendo para trascender tu propio ser? Tu alma es una fuente de poder infinito. Puedes expandir ese poder desde tu interior e iluminar las vidas ajenas, confiriéndoles bienestar y comprensión.

Algunas personas que conozco no han cambiado en absoluto a lo largo de los años. Permanecen siempre igual, como si fuesen fósiles. La diferencia entre un fósil y una planta es que el fósil es idéntico en la actualidad a como era hace millones de años; la planta, en cambio, continúa creciendo. Tú anhelas ser una semilla plena de vida, que apenas es depositada en la tierra comienza a empujar hacia arriba para absorber el aire y la luz del sol; luego se ramificará y, finalmente, se convertirá en un árbol exuberante cubierto de flores. Eso es lo que el hombre está destinado a ser: una planta espiritual en expansión, no un trozo de madera petrificada.

Posees la capacidad para producir floraciones de poder y éxito en todas las direcciones, de modo que el aroma de tu inspirativa vida difunda su influencia por todo el cosmos. Henry Ford era alguien sin importancia cuando comenzó sus actividades en un pequeño taller; pero gracias a la iniciativa creadora que poseía, su fama se extendió por el mundo entero. Lo mismo ocurrió con George Eastman, el inventor de la cámara fotográfica Kodak. Existe un lugar en el cielo para las personas de éxito, y ellas disfrutan de ese cielo. Hablo de lo que sé por propia experiencia. Todos los grandes seres humanos que han logrado algo en este mundo mediante el uso de los divinos poderes del alma reciben reconocimiento en el cielo.

Pon en funcionamiento la ley divina del progreso y el éxito

Esta creación no está dirigida por fuerzas ciegas, sino que opera de acuerdo con un plan inteligente. Si Dios hubiese creado el hambre pero no hubiera pensado en crear el alimento, ¿qué sería de nosotros? Es irrazonable suponer que este mundo es tan sólo el resultado fortuito de diversas combinaciones de átomos y que no haya detrás de ellos ninguna inteligencia que los rija. Por el contrario, es evidente que la ley y el orden existen en el universo. Tu vida y toda vida están gobernadas con precisión matemática por las leyes cósmicas de Dios formuladas de manera inteligente. De este modo, mediante la ley divina de la acción o karma (causa y efecto), todo cuanto haces queda registrado en tu alma. Así pues, de acuerdo con la medida de tus obras, aquello que hayas realizado empleando el poder de la voluntad y la creatividad será tu pasaporte, después de la muerte, a las regiones celestiales adonde llegan las almas que se han esforzado concienzudamente. Y cuando reencarnes en este mundo, nacerás con aquellos poderes mentales que ya desarrollaste mediante tus esfuerzos previos.

Supongamos que alguien nace en esta vida con un cuerpo enfermizo y carece de bienes y recursos materiales, y aun así se esfuerza, durante toda la vida, hasta donde sus posibilidades se lo permiten. Al negarse a reconocer el fracaso, esta persona crea un magnetismo dinámico que en su encarnación siguiente le atraerá salud, amigos serviciales, prosperidad, etc. O bien, supongamos que alguien toma la siguiente determinación: «Haré algo generoso para servir a la humanidad», pero muere antes de ver completada su noble empresa. Cuando regrese otra vez, traerá consigo a su nueva vida esta firme resolución, acompañada de los poderes mentales necesarios para coronar con éxito su objetivo. Todas las llamadas ventajas «hereditarias» y las oportunidades «afortunadas» de la vida no son caprichos del azar, sino el justo resultado de causas puestas en movimiento por las acciones del individuo en algún momento del pasado. Por eso, debes comenzar a lograr un objetivo ahora a fin de asegurar tu victoria futura.

Para impulsar esta ley de la acción debes ser activo. Ejercita tus poderes en vez de osificarte en la inercia. Hay mucha gente perezosa y desprovista de ambición, que sólo realiza el trabajo mínimo e indispensable para vivir y alimentarse de algún modo ¡hasta el día de su muerte! Una existencia tan negligente no es digna de llamarse vida. Estar vivo es poseer un ardiente propósito, es avanzar con invencible determinación hacia una meta. Debes actuar con entusiasmo, llegar a ser alguien, y aportar algo útil al mundo. Debido a que mi maestro [Swami Sri Yukteswar] fortaleció en mí la convicción de que yo podría lograr lo que me propusiera, hice el esfuerzo de alcanzar mis metas, a pesar de todas las fuerzas que trataron de detenerme.

Muchas personas tienen grandes ideas pero no las ponen en práctica. Es la acción, sin embargo, lo que crea la grandeza. A menos que esos pensamientos se conviertan realmente en logros, no habrás alcanzado el éxito. No es suficiente con pensar simplemente en el éxito o formular ideas; estas ideas deben ser demostradas mediante la acción. Pensar que eres virtuoso no te hará virtuoso. Del mismo modo, pensar en el éxito no te volverá exitoso. Podrás decir: «Soy una persona espiritual admirable»; pero sólo será cierto si te comportas de manera espiritual. Toda acción comienza con el pensamiento, el cual es una acción en el plano de la conciencia. Para que los pensamientos se pongan de manifiesto deben recargarse con la voluntad dinámica, mediante la concentración y la perseverancia, con el fin de despertar el indomable poder de la mente. Así pues, pensar en la grandeza es el primer paso, pero luego debes dotar de poder a esa idea por medio de la voluntad y poner en movimiento las correspondientes leyes de la acción. «Comprendiendo esto, los sabios que han buscado la salvación desde tiempos primigenios han llevado a cabo las acciones debidas. Por lo tanto, actúa también tú debidamente, como hicieran los antiguos de épocas pretéritas»[2].

Cómo vencer los obstáculos que se hallan en ti mismo y a tu alrededor

En este mundo de relatividad —luz y oscuridad, bien y mal— es inevitable tropezar con enemigos cada vez que intentas progresar. Esto ocurre en todos los ámbitos: en cuanto tratas de lograr algo, encuentras resistencia. Cuando la planta quiere emerger de su semilla, se enfrenta primeramente con la resistencia de la tierra, luego es atacada por los insectos, y después debe luchar contra las malezas que pugnan por las sustancias nutritivas y el agua. La planta necesita la ayuda del jardinero, y lo mismo sucede con los seres humanos. Si a causa de las circunstancias adversas, o de tu

[2] *God Talks With Arjuna: The Bhagavad Gita* IV:15.

debilidad interior, no cuentas con la fuerza precisa para hacer crecer las ramas del éxito en el árbol de la vida, necesitas el auxilio de un maestro o gurú que pueda ayudarte a cultivar el poder de la mente. El gurú te enseña el arte de la meditación, el arte de cauterizar las malezas de los hábitos limitantes y del mal karma que tratan de invadirte. Tienes que oponerte a estos enemigos, y debes perseverar en el esfuerzo. Sin luchar, no puedes obtener nada; pero tampoco dañes a nadie premeditadamente mediante tácticas despiadadas para lograr tus propósitos. Emplea los poderes espirituales de la mente y de la voluntad para vencer las fuerzas y circunstancias obstructoras que te rodean y las limitaciones interiores que tú mismo has creado; podrás entonces ser lo que quieras y lograr aquello que desees.

Recuerda: posees el poder para ser fuerte. En el fondo mismo de tu conciencia se encuentra la omnipotencia de Dios. Sin embargo, en vez de utilizar esa divina fortaleza, has construido un sólido muro que te separa de Su poder. Tu concentración se encuentra siempre enfocada en el exterior, dependiendo así del cuerpo y del mundo material, en vez de estar centrada en la Divinidad que mora en tu interior[3]. Por eso crees tener limitaciones.

Cómo fortalecer el poder mental para crear el éxito

¿Cuál es entonces el camino hacia la expansión y el progreso? Consiste en mirar a tu interior y liberar los poderes que allí residen. Puedes hacerlo; comienza hoy mismo. La mente es el factor principal, el instrumento de Dios por medio del cual se crean todas las cosas. Es sumamente flexible, y creará de acuerdo con cualquier patrón de pensamiento. La mente engendra la salud y la espiritualidad, la enfermedad y la ignorancia. ¿Qué es la enfermedad sino el pensamiento de enfermedad? ¿Qué es

---

[3] «Somos templo de Dios vivo, como dijo Dios: "Habitaré en medio de ellos y caminaré entre ellos; yo seré su Dios y ellos serán mi pueblo"» (*II Corintios* 6:16).

la ignorancia sino el pensamiento de ignorancia? ¿Qué es el fracaso sino el pensamiento de fracaso? He estudiado todas las condiciones sociales y he observado que las personas que carecen de éxito son las que no cultivan el poder de la mente.

Al hacer el esfuerzo por alcanzar el éxito en cualquier cometido digno de mérito, se incrementa tu poder mental. A medida que éste se desarrolla, aumenta también tu magnetismo, es decir, la fuerza de atracción generada en tu interior que lleva hacia ti las condiciones y a las personas que te ayudarán a fomentar el éxito. Es importante que te relaciones con personas que sean valiosas para tu vida. No desearías las ventajas del éxito sin contar con amigos que te aprecien y te ayuden (ya sean los queridos miembros de tu familia o los conocidos que te brindan apoyo), y con los cuales puedas compartir tu felicidad. La elevada naturaleza de tu poder mental y magnetismo atraerá a aquellos amigos que te ayudarán a darle pleno sentido a tu vida. Contribuye a formar amistades perdurables comportándote como un buen amigo. Esfuérzate por mejorar tu personalidad. El Señor te ha creado como un ser único. Nadie es exactamente igual a ti. Tienes un rostro y una mente que no son como los de ninguna otra persona. Debes estar orgulloso de ti mismo y no sentir envidia ni autocompasión. Sé sincero, valiente, honesto, amable, compasivo, comprensivo y muestra interés por tus semejantes sin ser entrometido o curioso. Las silenciosas vibraciones de tu poder mental y magnetismo hablarán a los demás de tus genuinas cualidades.

Escapa del calabozo de las limitaciones

Hay una tendencia a pensar: «Soy como soy. No puedo ser diferente». ¡Créelo y estarás condenado a seguir siendo así! Si razonas: «Éstas son mis aptitudes, y soy incapaz de hacer nada más», con toda certeza permanecerás exactamente en el mismo lugar donde ahora te encuentras. Olvidas que en tu juventud estabas lleno de ambiciones y tenías la firme convicción de poder «conquistar el mundo». Pero gradualmente el mundo te acorraló; fuiste capturado por enemigos como el pesimismo, la inercia y los conceptos erróneos preconcebidos, los cuales impusieron sus limitaciones a ti y a tu capacidad de alcanzar logros. No permanezcas en ese calabozo durante el resto de tu vida.

Existe un camino hacia la libertad. A una nación pequeña, rodeada de enemigos, le es difícil independizarse o expandir su territorio, debido a las trabas que se encuentran en el exterior. Pero en lo que respecta al logro de la independencia mental y espiritual, no se trata de obstáculos externos. Tú mismo y los malos hábitos que has creado constituyen la barrera que te aprisiona, pues te concentras en tus limitaciones y en los vallados mentales que has erigido. Por tu propio veredicto, permaneces cautivo e impides tu desarrollo. Sin embargo, cualesquiera que sean los límites que hayas creado, puedes superarlos y destruirlos, si emprendes la tarea de la manera correcta.

La conciencia del hombre común es como una pequeña casa: ése es su reino. Tal vez extienda la mirada un poco más allá, pero no tiene deseos de expandirse. Y hay personas que mental y espiritualmente se hallan confinadas en una habitación reducida, y cuyas aspiraciones están encerradas por una convicción dogmática de mediocridad. Tales «muertos vivientes» no creen que exista la posibilidad de conquistar nuevo terreno.

¿Te das cuenta de que cada persona es potencialmente un gigante espiritual, un homólogo espiritual del poderoso Gengis Kan, que fue uno de los conquistadores de más éxito que registra la historia? Naturalmente, las conquistas terrenales no son loables si dejan una estela de sangre y sufrimiento. Uno puede conquistar dominios terrenales y gobernar reinos opulentos y ser, no obstante, un esclavo de la desdicha y los temores. Lograr la conquista de uno mismo es alcanzar la verdadera victoria: conquistar las restricciones de tu conciencia y expandir ilimitadamente tus poderes espirituales. Puedes llegar tan lejos como desees —más allá de toda limitación— y vivir una existencia supremamente victoriosa.

Libérate de la prisión mental de la ignorancia que te mantiene confinado. Piensa de manera diferente. Niégate a aceptar los pensamientos limitantes de debilidad y vejez. ¿Quién dice que eres viejo? Eso no es cierto. Tú eres el alma, eternamente joven. Graba esta verdad en tu conciencia: «Soy el alma, un reflejo del Espíritu eternamente joven. Estoy vibrante de juventud, de ambiciones y de poder para triunfar». Tus pensamientos pueden limitarte o liberarte. Eres tu peor enemigo y, al mismo tiempo, tu mejor amigo. Cuentas con el poder necesario para llevar a cabo todo cuanto desees, si te motivas y eliminas las imperfecciones mentales que obstaculizan el torrente de la convicción.

El antídoto para la conciencia del «no puedo»

He visto a personas que, a pesar de contar con una salud deficiente, han tomado la resolución de lograr un objetivo. Su cuerpo enfermizo estaba en todo momento tratando de desviar su atención, pero superaron sus limitaciones físicas y con inquebrantable determinación marcharon siempre hacia delante, logrando su meta sólo por medio de la fortaleza mental. Y he visto a otros que poseen una maravillosa salud, pero cuyo cerebro es del tamaño de un cacahuete o maní. Sea cual sea el modo en que trates de convencerlos, dicen: «No puedo hacerlo». Creer que no son capaces es la barrera mental que los frena. Y algunas personas disponen tanto de salud como de inteligencia, pero no triunfan porque se lo impiden los obstáculos espirituales de los malos hábitos. Ya sea por causas físicas, mentales o espirituales, el fracaso se inicia al declarar: «No puedo hacerlo». Tal es la fuerza de la mente y el poder vibratorio de las palabras. Cuando te dices: «No puedo hacerlo», nadie en el mundo entero tiene potestad para cambiar ese decreto. Debes destruir al enemigo paralizante del «no puedo».

Existe un antídoto para la conciencia del «no puedo»; consiste en afirmar: «¡Puedo hacerlo!». Genera ese antídoto en tu mente y adminístralo por medio de la voluntad.

También debe vencerse otro impedimento que acompaña al ya citado y que suele expresarse así: «Puedo hacerlo, pero *no* lo haré». Numerosas personas tienen esta actitud, porque resulta mucho más sencillo sentarse y no hacer nada. El peor pecado contra tu progreso y tu éxito consiste en ser mentalmente perezoso. En ocasiones es posible justificar la pereza física, si uno ha trabajado arduamente y el cuerpo requiere reposo. Pero no existe excusa para la pereza mental, la cual petrifica la mente. Si abandonas la pereza del «no lo haré» y tomas la siguiente determinación: «Es preciso hacerlo, debo hacerlo y lo haré», el éxito se materializará con toda certeza.

Desecha todo pensamiento negativo. Supera la creencia de que no puedes lograr algo; para ello, comienza simplemente a hacerlo y, luego, continúa llevándolo a cabo sin detenerte. Las circunstancias intentarán aniquilarte, hacerte sentir desalentado y que digas una vez más: «No puedo hacerlo». Si el diablo existe, ese diablo es el «no puedo hacerlo»; tal es el Satán que ha desconectado tu dinamo de poder eterno y la razón principal de que no tengas éxito en la vida. Arroja ese demonio fuera de tu conciencia mediante esta inquebrantable convicción: «*Puedo* hacerlo». Dilo seriamente y afírmalo tan a menudo como te sea posible. Mentalmente cree en ello, y carga con energía esa creencia poniéndola en práctica mediante tu poder de voluntad. ¡Pon manos a la obra! Y mientras te esfuerzas, jamás abandones esta convicción: «Puedo hacerlo». Aunque encuentres mil obstáculos, no cedas. Si cuentas con semejante determinación, aquello que persigues habrá de ocurrir inevitablemente, y cuando suceda dirás: «Bueno, ¡fue tan sencillo!».

¿Por qué, pues, debes abandonarte a la inercia y vivir bajo una corteza de ignorancia? ¿No es preferible romper la corteza del «no puedo» y respirar el aire libre del «sí puedo»?

Sabrás entonces que la mente es todopoderosa y que cualquier cosa que tu mente sea capaz de imaginar puede materializarse. No existe otro impedimento que la conciencia del «no puedo». Reconoce cuán maravilloso es el camino de expansión que te estoy enseñando. Las palabras «puedo, debo y lo haré» resumen el modo de transformarte y alcanzar la victoria absoluta.

Dios te ha dotado con dinamita mental

Jamás tendrás éxito a no ser que te esfuerces. Recuerda: Dios te ha dotado con suficiente dinamita mental como para demoler todas tus dificultades. Se trata de la fuerza más efectiva que puedas emplear para triunfar en la vida, así como para liberarte de las cadenas de las debilidades y los hábitos limitantes, y expandir tu conciencia hasta alcanzar un estado capaz de lograr todo. ¿Continuarás siendo un muerto que camina, dispuesto a yacer sepultado bajo los escombros de tus errores? ¡No! Lleva a cabo algo en este mundo, ¡algo maravilloso! Todo cuanto emprendas te será reconocido por Dios. Y aun cuando el mundo no te diese su reconocimiento, si haces todo lo que esté dentro de tus posibilidades, ese poder mental que hayas infundido en ti mismo permanecerá en tu alma. Dondequiera que vayas, ya sea en esta vida o en el más allá, llevarás contigo ese espíritu invencible. Como exhortara el Señor Krishna al príncipe guerrero Arjuna: «¡Oh, Aniquilador de los Enemigos! Aparta de tu corazón esta pequeña flaqueza. ¡Yérguete!»[4].

He utilizado ese poder mental a lo largo de mi vida y he comprobado que funciona. También tú, cuando hayas de hacer frente a la mala salud y al fracaso, debes meditar con intensidad y afirmar mentalmente: «Padre Todopoderoso, soy tu hijo. Emplearé los divinos poderes de la mente y de la voluntad, que he heredado de Ti, para destruir las causas del fracaso». Fortalece esos poderes mentales por la noche, cuando las distracciones del mundo retroceden y tu mente está profundamente concentrada y se recarga

[4] *God Talks With Arjuna: The Bhagavad Gita* II:3.

al meditar, orar y comulgar con Dios.

¿Qué más puedo decirte? Estos consejos son prácticos y aportan resultados. Si decides utilizarlos y pones manos a la obra, *con toda certeza* te ayudarán. Lograrás demoler las dificultades, conseguirás derribar los baluartes de la ignorancia que te han mantenido cautivo por encarnaciones. Sabrás que, como hijo inmortal de Dios, la muerte no puede aniquilarte, ni puede el nacimiento en esta prisión corporal inhibir el poder trascendental que se halla en ti[5]. Debes redimir el alma por medio del alma, de manera que, dondequiera que te encuentres, tengas a tu disposición los irresistibles poderes divinos de la mente y de la voluntad para superar cada obstáculo que se interponga en tu camino.

[5] «Ningún arma puede herir al alma; ningún fuego puede quemarla, ni el agua humedecerla, ni el viento secarla. El alma es indivisible; no puede ser incinerada, ni humedecida, ni desecada. El alma es inmutable, serena e inamovible, y todo lo penetra, es eternamente inalterable» (*God Talks With Arjuna: The Bhagavad Guita* II:23-24).

Los logros materiales
no constituyen el éxito verdadero

Pregúntate cuál es el propósito de tu vida. Has sido creado a imagen de Dios; ése es tu verdadero Ser. El éxito supremo consiste en percibir la imagen de Dios en tu interior: el gozo infinito, la satisfacción de todo deseo, la victoria sobre todas las dificultades del cuerpo y las agresiones del mundo.

La vida humana es una constante lucha contra los problemas. Cada individuo tiene un dilema diferente que resolver: mil quinientos millones de personas, mil quinientos millones de obstáculos distintos que afrontar cada día. Algunos sufren problemas cardíacos, otros padecen resfriados; algunos poseen demasiado dinero, otros no tienen nada; hay quienes están llenos de ira, y los hay que muestran una anodina indiferencia; mas ¿quién es feliz? La verdadera medida del éxito es la felicidad. Cualquiera que sea tu situación en la vida, ¿eres feliz?

El concepto ordinario del éxito se refiere a

tener riqueza, amigos y bellas posesiones, o sea, la llamada «buena vida». Sin embargo, los logros materiales no constituyen necesariamente el éxito verdadero, puesto que las cosas y las circunstancias están sujetas al cambio. Hoy tal vez poseas algo, mañana quizá ya no lo tengas. Por lo tanto, no creas que por el solo hecho de convertirte en millonario puedes considerarte exitoso.

Tal vez trabajes arduamente para cosechar el éxito en los negocios; sin embargo, antes de que te des cuenta, tu vida se torna desequilibrada, pierdes la libertad de disfrutar de las cosas que deseas hacer y estás tan nervioso y lleno de preocupaciones que tu salud se quebranta. Súbitamente todo tu éxito deja de tener sentido y adviertes que has desperdiciado la vida. O tal vez desarrolles, mediante esfuerzos combinados, un cuerpo saludable, pero te encuentras en una situación de pobreza tal que te sientes desdichado por no poder satisfacer las necesidades de tu cuerpo. Existe incluso la posibilidad de que dispongas de salud y dinero, y aun así consideres que la plenitud interior te ha eludido. Alimentar únicamente el cuerpo y el ego jamás satisfará al alma. Puedes tenerlo todo y descubrir, sin embargo, que en última instancia eso no significa nada en absoluto, pues careces de felicidad. A no ser que haya felicidad en tu corazón, no habrás alcanzado el éxito.

Sin embargo, son muy pocos los que se sienten felices sin poseer al menos cierto grado de salud y prosperidad material. La mayoría de las personas deben tener algo que les haga sentirse felices. Su felicidad depende de las circunstancias externas, debido a que su mente no ha sido entrenada para ser incondicional- mente feliz desde el interior. Consideras que serías feliz si tan sólo pudieras obtener todo aquello que crees necesitar para ser dichoso. Pero el deseo engendra más deseos, y jamás te sentirás satisfecho si continúas multiplicando tus necesidades. Antes de comprar algo, te parece que no puedes prescindir de ello; sin embargo, una vez que lo has obtenido, dejas de prestarle atención en cuanto comienzas a desear algo mejor. Da igual cuán a menudo pases por esta experiencia, cada vez que se apodera de ti el impulso por comprar algo, de nuevo piensas que debes conseguirlo, y no te das por satisfecho hasta obtenerlo. El éxito consiste en aprender el arte de encontrar la satisfacción interior: adquirir aquello que necesitas y sentirte contento con lo que posees.

No te dejes esclavizar por la tentación de vivir por encima de tus posibilidades

Algunos individuos son habituales compradores impulsivos de objetos que no necesitan y, de este modo, dilapidan su dinero. Desarrolla el hábito de elegir cuidadosamente lo que has de adquirir y compra con prudencia. Si cuentas con una cantidad de dinero adicional, ahórralo; no escuches a quienes en todo momento te están tentando para echar mano a tus ahorros con el fin de gastarlos en algún nuevo adminículo que «no puedes dejar de tener» o en alguna inversión «garantizada». Cada vez que alguien trate de fascinarte con propuestas elocuentes, recuerda la fábula de la zorra y el cuervo. El cuervo tenía un bocado en el pico y la zorra lo quería para ella. La zorra, con la astucia propia de su especie, le dijo: «Tenga a bien cantar para mí, señor Cuervo. ¡Usted posee una voz tan hermosa!». El cuervo se sintió halagado y comenzó a cantar; pero apenas abrió el pico dejó caer el bocado. La astuta zorra lo recogió y escapó. Cuídate de aquellos que intentan manejarte psicológicamente, ya que de ese modo pretenden aprovecharse de ti. No te dejes engañar por quienes tratan de manipularte haciéndote desear algo que es innecesario para tu verdadero éxito y felicidad.

Simplifica tu vida, de manera que no dependas de un número exagerado de posesiones. El alimentar cada uno de tus deseos automáticamente genera infelicidad. Al comparar la sociedad norteamericana con la civilización de la India puedo observar aquí todas las ventajas del progreso que siempre anhelé para aliviar la pobreza y el sufrimiento material de la India.

He descubierto, sin embargo, que la mayoría de las llamadas «personas exitosas» de este país son tan desdichadas con su riqueza como lo son los menos afortunados de la India que carecen de ella.

La vida occidental está tan llena de complejidades que las personas no disponen de tiempo para disfrutar de nada. Sin embargo, si examinas tu vida, verás que hay muchas formas de simplificarla, sin sentir que te estás privando de algo. Date cuenta de que es una locura desear cada vez más lujos que sólo puedes comprar a plazos. Ahorra para comprar aquello que necesitas y págalo al contado: rechaza los planes de pago con elevados intereses que te ocasionarán preocupaciones. Es apropiado, por supuesto, permitir que otros hagan negocios vendiendo sus productos para ganarse la vida. Pero no te dejes esclavizar por la tentación de vivir por encima de tus posibilidades, porque cuando te halles en graves apuros lo perderás todo.

Cada vez que recibas tu sueldo, ahorra una parte. Vivir sin disponer de ahorros es un riesgo y una invitación al desastre. Resulta preferible tener una casa y un automóvil más pequeños, y contar con algunos ahorros en el banco para aquellas emergencias que seguramente habrán de presentarse. Es un gran error gastar todo lo que ganas únicamente para adquirir algo nuevo o más lujoso. Considero que el esposo y la esposa deben tener ahorros en el banco, tanto en forma individual como conjunta, para poder recurrir a esos fondos cuando surja una necesidad imprevista.

Ahorrar es un arte y requiere de sacrificios. No obstante, si compras con frugalidad y vives con sencillez, te será posible ahorrar algo cada semana o cada mes. Observo que muchas personas que trabajan gastan en cosas innecesarias y, como resultado, están siempre endeudadas. Recuerdo a un matrimonio que poseía una hermosa casa en Florida. Cada vez que veían algo que les gustaba, inmediatamente lo compraban a plazos. Sin embargo, llegó un momento en que esa casa se convirtió en un terror mental. Les dije: «Estas cosas no les pertenecen; aún no son suyas. Sólo las han tomado prestadas mediante el crédito. ¿Por qué temen perderlas? ¿Por qué no viven de un modo más simple, libres de esta preocupación constante que está destruyendo toda su alegría y paz?». Finalmente, a causa del endeudamiento, lo perdieron todo. Debieron retornar a una vida sencilla y comenzar de nuevo.

Se puede disfrutar indirectamente de muchas de las cosas buenas y bellas de la vida, sin pasar por la terrible depresión nerviosa asociada a la preocupación de cómo habrás de pagar para obtenerlas. De este modo es posible satisfacer numerosos deseos.

Analiza tus deseos antes de actuar conforme a ellos

Un deseo noble es como un corcel divino que, en vez de llevarte al valle de la oscuridad, te conduce hacia el reino de Dios. Analiza cada uno de tus deseos para determinar si contribuye en algo al logro de tu bienestar y perfeccionamiento espiritual. El tipo de deseo apropiado es aquel que te aleja de la esclavitud material y te conduce al reino de la felicidad verdadera. Una motivación es noble si hace florecer el entendimiento y las cualidades divinas. Si alguien te hiere y le perdonas, estás dirigiéndote hacia el reino de Dios. Si una persona es belicosa y le brindas comprensión, estás avanzando hacia el reino de Dios. Si alguien sufre y le ofreces ayuda y compasión, te estás acercando a la presencia de Dios.

El éxito verdadero depende del logro del deseo adecuado, que nunca trata de obtener algo a costa del bienestar de los demás. Las riquezas conseguidas por medios censurables tal vez parezcan un éxito externamente, pero el alma no estará en paz en tu interior. La conciencia es como un zapato: cuando no calza correctamente, tal vez se vea bien por fuera, pero —a pesar de todo el cuidado que pongas al caminar— sabes exactamente dónde aprieta. Aquel que es bueno ante su conciencia, lo es también a los ojos de Dios. No hagas nada que tu conciencia te reproche. Si tu conciencia está limpia, podrás hacerle frente a la opinión del mundo entero: por muy densa que sea la oscuridad a tu alrededor, lograrás rasgar las tinieblas. Las personas materialmente ambiciosas buscan satisfacer su pasión por el éxito, y a ellas no les importa si lo obtienen por medios erróneos. Sin embargo, a pesar de todo lo que puedan lograr, nunca consiguen verdaderamente el éxito porque jamás son felices. Si deseas tener éxito, alcánzalo de manera honesta.

El éxito verdadero consiste en lograr los objetivos y satisfacer los deseos que son nobles, es decir, aquellos que resultan beneficiosos para nuestro bienestar físico, mental y espiritual. Cada vez que te enfrentes a un fuerte impulso interior, pregúntate si ese deseo es saludable o no. Aprende a reconocer la diferencia entre las motivaciones que son buenas para ti y las que no lo son. Emplea el razonamiento y el discernimiento al tratar de satisfacer con éxito tus deseos.

Una persona exitosa se caracteriza por su autocontrol

No hay nada indebido en los placeres inofensivos; en cambio, aquellos que dañan tu cuerpo y tu mente son perniciosos. Todo lo que te esclavice es perjudicial. El poder para lograr el bienestar y la felicidad perdurables reside en el autocontrol, en la capacidad de hacer lo que debes hacer cuando debes hacerlo, y en evitar totalmente aquello de lo que debas abstenerte. Una persona exitosa se caracteriza por su autocontrol; no se encuentra atada a los caprichos ni a los hábitos. Por ejemplo, poseer completo dominio de sí mismo implica comer lo que debemos comer y en el momento adecuado; y, por otra parte, no comer cuando no deba hacerse. Al frecuentar a otras personas, hazlo con entusiasmo; y cuando necesites tiempo para estar solo, no te mezcles con ellas. Si empleas el tiempo sabiamente en actividades valiosas, tú y tu vida (como una extensión de ti mismo) serán valiosos. La gente mundana deseará obtener provecho de tu tiempo, y querrá arrastrarte hasta su propio nivel. ¿Por qué conformarse con una vida infructuosa? Emplea el tiempo en practicar la introspección a fin de perfeccionarte; piensa creativamente y practica la contemplación profunda; de ese modo, contarás con un enorme poder sobre ti mismo.

Si los demás persisten en molestarte durante tus períodos de tranquilidad, o si necesitas un respiro de las desarmonías del hogar, retírate a algún lugar tranquilo y permanece solo por un tiempo, escuchando los suaves sonidos de la naturaleza y de Dios en tu interior. Toda la felicidad que buscas se encuentra en tu interior, en la imagen de Dios que está dentro de ti. ¿Por qué conformarse con falsas imitaciones de la felicidad a través de bebidas alcohólicas, películas y placeres de los sentidos? Ésa es la forma de ser del mundo. La felicidad verdadera no necesita apoyarse en nada. Como dijo filosófica y sabiamente el poeta: «No poseer nada y, sin embargo, poseerlo todo».

Mantén una actitud invencible
en todas las pruebas y desafíos

Puedes aprender a ser feliz a voluntad y conservar esa felicidad en tu interior, suceda lo que suceda. Algunas personas quedan totalmente abatidas por las pruebas que deben afrontar, en tanto que otras sonríen a pesar de las dificultades. Quienes mantienen una actitud invencible son los que verdaderamente logran el éxito en la vida. Si eres capaz de entrenar tu mente de tal modo que te sientas satisfecho independientemente de lo que poseas o no, y si puedes permanecer en calma mientras afrontas el desafío de todas tus pruebas, hallarás que en eso consiste la verdadera felicidad. Supongamos que padeces una terrible enfermedad; sin embargo, mientras duermes estás felizmente libre de ella. Adopta la determinación de que en todo momento mantendrás esa misma actitud y no te dejarás afectar por las circunstancias; a toda costa toma la resolución de ser feliz. Jesús alcanzó tal éxito en el control de su mente que pudo soportar voluntariamente la crucifixión e incluso resucitar su cuerpo después de la muerte. Ésa fue una demostración de triunfo supremo. Su gozo incondicional en Dios es la clase de éxito que finalmente todos habrán de alcanzar. Consiste en que seas dueño de ti mismo; en que tú, el alma, seas el amo de tu vida.

Dile a la mente: «Soy el amo; soy feliz ahora, sin necesidad de esperar a que mañana se den todas las condiciones que supuestamente son necesarias». Si puedes darte a ti mismo la orden de ser feliz a voluntad, Dios estará contigo, porque Él es el Manantial de todos los riachuelos del gozo. No sabes cuán poderosa es la mente. Si eres feliz, crearás una actitud vibratoria positiva capaz de atraer hacia ti salud, dinero, amigos y todo cuanto anhelas. Por el contrario, cuando no eres feliz, cuando tienes una actitud negativa, la voluntad se paraliza. La posibilidad de tener éxito en todo cuanto emprendas depende de tu capacidad para atraer aquello que necesitas por medio de una voluntad potente, positiva y gozosa.

Analízate para comprobar si has hecho de ti una persona exitosa. Si por lo general estás deprimido, es debido a que no has logrado que tu vida sea un éxito. Aquellos anhelos que has estado albergando durante años, desde tu niñez, aún permanecen insatisfechos, y tu mente malhumorada ha adoptado la siguiente actitud: «¿Y para qué?». Reaviva tus nobles metas con una voluntad recargada de energía.

El éxito consiste en utilizar el poder creativo para lograr aquello que necesitas

El éxito no debe medirse por las riquezas materiales que posees, sino por la capacidad para crear a voluntad aquello que necesitas. Reflexiona acerca de este poder; proviene de la mente supraconsciente, de la capacidad infinita del alma. Si empleas tal poder para alimentar tus habilidades creativas, podrás superar cualquier dificultad que obstruya tu sendero.

Supongamos que precisas un automóvil y tienes la posibilidad de adquirirlo (por medios honrados): eso es éxito. Supongamos que necesitas una casa y está en tu poder conseguirla: eres exitoso. Supongamos que quieres contar con una compañera o compañero adecuado para compartir la vida, oras a Dios para que te guíe y encuentras a esa persona: eso es éxito. Pero ¿cómo desarrollar el poder para lograr ese éxito a voluntad? ¿Cómo dominar las condiciones que promueven el éxito, en vez de dejarte controlar por el destino que tú mismo has creado por medio de la ley de causa y efecto? Muy pocas personas en el mundo despliegan la determinación y la voluntad necesarias para controlar su destino.

Examina tus necesidades inmediatas y ora siempre a Dios para que puedas contar con la voluntad y el poder creativo que se requiere para satisfacerlas. Recuerda que el ser humano no ha inventado nada; solamente descubre lo que Dios creó en sus ideaciones y manifestó luego en el mundo causal del pensamiento, del cual provienen todas las cosas del cielo y de la tierra. Por lo tanto, el secreto del éxito consiste en desarrollar una sintonía cada vez mayor con Dios.

Tres poderes creativos: las mentes consciente, subconsciente y supraconsciente

Dispones de tres herramientas de inmenso poder que te han sido conferidas por el Creador: la mente consciente, la subconsciente y la supraconsciente. La que más utilizas es la mente consciente, que posee capacidad para razonar y es la vía por la cual ingresan las sensaciones. En cambio, no estás tan familiarizado con las otras dos mentes, por lo que su potencial permanece prácticamente sin desarrollar.

El entorno ejerce influencia sobre el esfuerzo consciente. Si en una comunidad un individuo emprende un negocio exitoso, de inmediato otros ven en ese campo una oportunidad propicia para iniciar negocios similares que compitan con el primero. Como resultado, algunos de ellos seguramente fracasarán. Es preciso hacer uso de todo el poder de discernimiento a tu alcance para sopesar los efectos potenciales del entorno en la esfera de actividades en la que estés volcando tus esfuerzos. Las decisiones irreflexivas y apresuradas son una fórmula segura para el fracaso y un insulto a las aptitudes de la mente consciente, que en todo momento están dispuestas a ayudarte.

Existe siempre una oportunidad para el éxito. Entrena el poder de tu mente consciente para que esté atenta a las oportunidades: que te permita detectar las pequeñas avenidas que han de llevarte a donde deseas ir y aprovechar también aquellas oportunidades que sean compatibles con tus metas.

Con cada sincero esfuerzo, emplea la mente consciente para triunfar. Sus facultades son inmensas: el raciocinio, el discernimiento, el pensamiento creativo, la fuerza de voluntad y la concentración. Permanece más alerta a fin de identificar las oportunidades, y esmérate luego en realizar tus tareas con concentración. Descubre primero cuáles son tus aptitudes y, entonces, pon manos a la obra. Cualquiera que sea el objeto de tu predilección, ve tras él: el mejor nutriente para las semillas del éxito es un interés entusiasta.

No pierdas el rumbo a causa de las influencias erróneas. La mente consciente se deja desalentar fácilmente por las limitaciones impuestas por el ambiente y las sugerencias de otras personas. Al principio, mi familia me consideraba un inútil, porque yo no buscaba lo que el mundo suele ofrecer. Pero yo resistí sus pensamientos de menosprecio. En el instante en que aceptas las limitaciones que te imponen las condiciones externas y las personas negativas, tu creatividad y tu voluntad para triunfar se paralizan. Este análisis se aplica a todo aquel que haya fracasado en la vida.

Cómo emplear el instrumento de la mente subconsciente

El siguiente paso para controlar el destino consiste en la intervención de la mente subconsciente, que es la facultad mental que está en el fondo de la mente consciente. Se trata de la mente que contiene la memoria y los hábitos; es la que almacena todas tus experiencias y condensa tus pensamientos y acciones en forma de configuraciones de hábitos. Todo aquello que llevas a cabo con atención consciente, la mente subconsciente lo almacena en el cerebro como un prototipo. Si piensas que eres un fracasado, la huella del fracaso quedará impresa en tu mente subconsciente. Esta conclusión que se establece de antemano tiene efectos desastrosos sobre los procesos que llevan al éxito, y constituye una de las causas principales del fracaso de la gente. Sea cual sea tu situación en la vida o el resultado de tus esfuerzos, no tienes derecho a pensar en el fracaso ni a hipnotizar tu mente con esa creencia.

En todo lo que desees lograr, y a pesar de toda evidencia en sentido contrario, cree en la realización de tu objetivo y afírmalo. Debes crear el patrón del éxito en tu mente subconsciente y hacerlo operar a tu favor. Siéntate en silencio y piensa intensamente en tu meta; concéntrate en la forma de alcanzarla. Cuando cesa el movimiento, cuando los pensamientos inquietos y los de «no puedo» se acallan, las nuevas convicciones de tu mente subconsciente pueden ayudarte. A medida que tus pensamientos se hagan más profundos y comiences a estudiar detenidamente algún problema, cruzarás los límites de la mente consciente y podrás enriquecer los procesos conscientes del razonamiento con la valiosa información que procede de la memoria y de la imaginativa creatividad de la mente subconsciente.

El poder omnisciente de la mente supraconsciente

En el fondo de la mente subconsciente se halla la mente supraconsciente. El poder de Dios que está en tu interior, el poder para ejercer un control ilimitado, reside en la mente supraconsciente. Esta mente no puede ser sugestionada con pensamientos de fracaso, pero puede ser eclipsada por éstos. La mente supraconsciente es la omnisciente conciencia intuitiva del alma. Se puede acceder a esta mente en la concentración profunda y al establecer contacto con el alma durante la meditación.

Suceda lo que suceda, recuerda siempre: «Tengo el poder para triunfar y, aunque la mente consciente esté condicionada por el entorno, el Señor me ha concedido un poder ilimitado en la mente supraconsciente y en la mente subconsciente. Una vez que comience a dominarlas, seré capaz de controlar mi destino». No hay ningún maleficio que interfiera en tu destino, excepto la falta de aplicación de los poderes de la mente consciente y los malos hábitos enraizados en la mente subconsciente. Jamás debes dejarte llevar por el abatimiento. Estar desalentado es admitir el fracaso, es aceptar la etiqueta de fracasado. Si la mente consciente dice «no puedo», la mente subconsciente registra ese pensamiento de fracaso; y cuanto más pienses en forma negativa, más profundamente introduces la idea de fracaso en los registros de la mente subconsciente. De ese modo estarás vencido, a no ser que una vez más hagas un esfuerzo consciente por eliminar la persistente convicción del fracaso, dando pasos positivos para pensar y actuar con una voluntad plena de confianza.

Cuando pienses «puedo triunfar», hazlo con tal intensidad que destierres toda noción de fracaso. Si te esfuerzas por triunfar nueve veces, pero no lo logras, ¡aún puedes intentarlo una décima vez! No te rindas; jamás admitas el fracaso.

La aplicación práctica de la intuición

Cada vez que emprendas algo, comienza pidiendo la ayuda de Dios: «Señor, me esforzaré al máximo, pero guíame Tú para que haga lo correcto y evite los errores». Debes emplear luego la inteligencia y el raciocinio para determinar de qué modo llevar a cabo lo que quieres lograr. En cada etapa, ora a Dios para que te guíe; siente su apoyo en la intuición que brota de la calma interior. Así lo hago yo. Una vez que he empleado la inteligencia de la mente consciente, utilizo el poder de la intuición, así como los demás poderes de la mente subconsciente y supraconsciente, y compruebo que la divina luz creativa acude infaliblemente para guiarme.

Cuando se depende únicamente de los métodos materiales para alcanzar el éxito, siempre se halla presente la incertidumbre. Sin embargo, el sendero intuitivo del éxito es diferente. La percepción intuitiva jamás puede errar; surge de una sensibilidad interior, de un sentimiento mediante el cual sabes de antemano si tendrás éxito o no al seguir un curso determinado de acción.

Tal vez el testimonio de los sentidos y de la mente racional te diga una cosa, mientras que el testimonio de la intuición te señala algo diferente. Debes seguir en primer lugar las indicaciones de los sentidos: aprender todo lo que puedas acerca de tu meta y de los pasos prácticos que necesitas dar para alcanzarla. Ya sea que estés invirtiendo dinero, iniciando un negocio o cambiando de ocupación, después de haber investigado, comparado y empleado tu inteligencia al máximo, no emprendas precipitadamente la acción. Cuando tu razón y el resultado de tus averiguaciones te señalen un camino, es el momento de meditar y orar a Dios. En el silencio interior, pregúntale al Señor si es apropiado seguir adelante. Si al orar profunda y sinceramente, descubres que algo te hace apartarte de esa dirección, no prosigas. Si en cambio sientes un irresistible impulso positivo y, después de mucho orar y continuar orando, ese impulso aún persiste, entonces sigue adelante. Tu oración pidiendo la guía de Dios debe ser sincera, de modo que cualquier impulso que sientas provenga en verdad de Él, y que no sea un nuevo reforzamiento de tu propio deseo erróneo.

Ésta es la manera en que desarrollé una forma práctica de aplicar mi intuición. Antes de iniciar cualquier proyecto, me siento en silencio meditativo en mi habitación y me esfuerzo por expandir ese poder en mi mente. Luego dirijo la luz concentrada de mi mente hacia aquello que deseo llevar a cabo. Sé entonces que mis pensamientos han logrado su propósito, y lo que percibo en ese estado se realizará infaliblemente.

Después de todo, somos las más potentes estaciones de recepción y transmisión. La pequeña barrera del cuerpo nada significa. Nuestros pensamientos son poderosas fuerzas creativas que flotan en el éter, dispuestas a cumplir su cometido en cuanto sean concentradas y dirigidas conscientemente. Sin embargo, la mayoría de las personas no saben cómo hacer que sus pensamientos las beneficien, pues sus mentes se encuentran llenas de estática. La concentración y la meditación son las que lograrán sintonizar esos pensamientos y enfocarlos de manera tal que el éxito se manifieste.

Expande la esfera de tu éxito ayudando a los demás a ayudarse a sí mismos

Una agenda egoísta limita el éxito. Debes expresar la conciencia universal de tu alma. No es preciso que trabajes únicamente a través de las manos y el cerebro de tu propio cuerpo: puedes lograr que tu influencia se haga sentir tan extensamente que la bondad de tus obras actúe a través de miles de manos y cerebros. Tú prestas atención a tu pequeño cuerpo y el modo de alimentarlo, vestirlo y darle bienestar. Yo, en cambio, pienso en la manera de mejorar las vidas de miles de almas, y en tener éxito en que la gente desarrolle su propio potencial para obtener fortaleza y sabiduría. La satisfacción que esto brinda está más allá de las palabras.

El éxito que he logrado ayudando a la gente a ayudarse a sí misma es un éxito que nadie puede destruir. He disfrutado haciéndolo todo por Dios. No tengo ambiciones personales, pero poseo en cambio una gran ambición por Dios y por compartirle con todos. A no ser que sacrifiques algunos de tus deseos por el bienestar de los demás, no podrás ser jamás un verdadero triunfador. Si incluyes el bienestar del prójimo en tus esfuerzos por alcanzar el éxito, tienes mayores posibilidades de triunfar que si piensas únicamente en ti mismo. Y sobre todo, piensa en Dios y pídele que te guíe. Habría tenido muchas más dificultades al organizar esta sociedad si no hubiese recibido la divina guía interior, pues cada uno de los que se acercaban a mí quería que yo hiciera las cosas a su manera. Esta organización tendrá éxito porque todo lo he hecho siguiendo las instrucciones de Dios. Satanás siempre intenta obstaculizar las buenas obras, pero Dios nos muestra la forma de superar todos los males.

El éxito absoluto: estar con Dios constantemente

Nuestro propósito en la vida es conocer el significado del universo. Se trata sólo de un sueño de Dios, semejante a una película cinematográfica que revela grandes dramas o comedias y, luego, concluye y se olvida. Así es también la vida. Parece muy real y permanente, pero en breve habrá terminado. Todos tus problemas y dificultades quedarán en el olvido cuando abandones este mundo por ese mundo mejor que está más allá de la muerte. Así pues, no tomes la vida tan en serio; contempla en el fondo de este drama al Amo del universo, al Autor de esta representación que sólo es un sueño.

Muchas personas dicen: «Jamás llegaré a conocer a Dios». Esta creencia es la más difícil de erradicar. Sin embargo, si oras una y otra vez, si haces caso omiso de cuántas veces Dios no responda y continúas orando y amándole, sólo entonces, tendrás éxito. Incluso eones dedicados a la búsqueda de Dios no son nada comparados con la eternidad junto a Él. Si incesantemente abres el corazón clamando por tu unión con Dios, obtendrás su divina respuesta de manera infalible.

No desperdicies el tiempo. El camino al éxito seguro consiste en estar con Dios constantemente. Busca a Dios primero. No te quedes estancado; la pereza no aporta la felicidad. Por la noche, permanece junto a Él. Y por la mañana, al despertar, siéntete dispuesto a librar la batalla de la vida en el mundo, teniendo al Señor a tu lado. Colmado de fe en tu capacidad para triunfar, di: «¡Ven, mundo, estoy preparado!». Controlarás tu destino y, uno a uno, tus grilletes se irán soltando. Sabrás entonces que ya no eres un hijo pródigo que anda errante sobre la Tierra, pues has recobrado la herencia que te corresponde como hijo de Dios.

La única razón por la que estoy aquí contigo es para dar testimonio de lo que Dios me ha concedido. Al encontrar el Poder Supremo, la sed de todos mis anhelos se ha saciado para siempre. No te demores; sigue estas enseñanzas, para que puedas experimentar todas las maravillas que yo he percibido en este sendero. Además de su constante guía, el Señor no sólo me ha conferido total armonía en cuerpo y mente a través de esta senda, sino también una plenitud y felicidad indescriptibles. Sentirás Su presencia en la brisa que te acaricia; en el océano, contemplarás Su siempre renovado y rebosante gozo; y a través de la luz del sol, te prodigará Su reconfortante calidez. Él cuidará de ti a través de la bóveda del cielo, y los cuerpos celestes —las estrellas, la luna y el sol— serán ventanas en las que percibirás su divina presencia. Desde cada rincón del universo verás sus ojos benignos que te atisban amorosamente.

Cada mañana, al comenzar el día, no pienses únicamente en tu propio bienestar, sino en todas aquellas personas a las que puedes ayudar. [...] Si estás tan interesado en la Verdad como lo estoy yo, ¡cuán inmenso será nuestro poder para desterrar la ignorancia del mundo! Todo lo que hagas para ayudar a los demás a través de este sendero espiritual será recordado por el Padre.

Siente el poder del Espíritu que actúa a través de ti

Cierra ahora los ojos y concéntrate en tu interior. Siente dentro de ti una inmensa paz. Siente la paz en todo tu alrededor. Siente el poder del Espíritu que atraviesa los tranquilos portales de tu mente; siente el sereno resplandor del Padre en tu interior. Él se halla oculto en cada pensamiento, en cada célula, en cada parte de tu ser. ¡Percíbelo!

Oremos: «Padre Celestial, ya no estoy rodeado por las barreras del "no puedo". Dentro de mí se halla tu inmenso poder explosivo del "sí puedo". Bendíceme, Señor, para que desarrolle ese poder, de manera que sea yo capaz de demoler todas las barreras y expandir mi territorio más allá de las limitaciones de mi existencia hasta conquistar las fuerzas de la Tierra y de tu cosmos, al unificarme a Ti».

Capítulo II

CÓMO ENCONTRAR
EL CAMINO HACIA LA VICTORIA

———◆———

Veo ahora la Tierra —que una vez pareció ser un sitio tan grande— como una diminuta esfera de átomos, girando en el espacio, caldeada por los rayos del sol y rodeada por juguetonas nubes de gases: una pequeña bola de arcilla sobre la cual crecen diversas formas de vida. La Palabra de Dios, la Voz del

---

Selecciones de una conferencia impartida el 16 de febrero de 1939. La conferencia completa figura en el libro de Paramahansa Yogananda *El Amante Cósmico (Charlas y ensayos, Volumen II)*, publicado por *Self-Realization Fellowship*

Espíritu —la manifestación del Infinito—, está en todas partes[1]. Las tremendas conmociones que se suscitan en esta finita esfera han sido causadas por el egoísmo humano, es decir, por la falta de armonía en las relaciones entre los seres humanos, y entre éstos y el Espíritu que se halla oculto tanto en el ser humano como en el resto de la creación. Dado que la humanidad no ha aprendido la lección que conllevan estas catástrofes, la Tierra continúa sufriendo tormentas, terremotos, inundaciones y enfermedades de efectos devastadores y, aún peor, la amenaza de la guerra.

Existe una manera de conquistar este mundo, de conquistar la naturaleza y conquistar la

---

[1] La Vibración Cósmica Inteligente que estructura y da vida a toda la creación, conocida también como *Om* o Amén. El *Om* de los *Vedas* se convirtió en la sagrada palabra *Hum* de los tibetanos; en el *Amín* de los musulmanes; y en el *Amén* de los egipcios, griegos, romanos, judíos y cristianos. «En el principio existía la Palabra y la Palabra estaba junto a Dios, y la Palabra era Dios. [...] Todo se hizo por ella [la Palabra u *Om*] y sin ella no se hizo nada» (*San Juan* 1:1, 3).

vida, con su pobreza, enfermedades, guerras y demás problemas. Debemos aprender este camino hacia la victoria. [...] El mundo camina en medio del turbulento drama de la existencia. Al tratar de detener las tormentas enfurecidas, parecemos tan sólo unas hormiguitas que nadan en el océano. Pero no minimices tu poder; la verdadera victoria consiste en conquistarte a ti mismo, tal como hizo Jesucristo. Su victoria sobre sí mismo le otorgó poder sobre toda la naturaleza.

La ciencia pretende alcanzar de otra forma el dominio sobre la naturaleza y la vida; sin embargo, la promesa inicial de los descubrimientos científicos fracasa, a menudo, en su empeño de producir algo permanente. Los efectos beneficiosos se experimentan sólo durante un breve lapso; luego, algo peor se presenta para amenazar la felicidad y el bienestar del hombre. No se obtendrá una victoria completa mediante la aplicación pura y exclusiva de los métodos científicos, porque éstos se centran en lo externo, en los efectos más que en sus causas sutiles. El mundo continuará girando a pesar de los desastres, y la ciencia seguirá obteniendo una y otra vez nuevas conquistas; pero sólo la ciencia espiritual puede enseñarnos el camino hacia la victoria completa.

La mente debe mantenerse invicta

De acuerdo con la ciencia espiritual, la actitud de la mente lo es todo. Es razonable combatir el calor extremo mediante aire refrigerado artificialmente, así como el frío extremo por medio de calor generado artificialmente; pero mientras tratamos de combatir las incomodidades desde el exterior, debemos entrenar la mente para que permanezca ecuánime ante cualquier circunstancia. La mente es como un papel absorbente, que de inmediato adquiere el color del tinte que se le aplique. La mayoría de las mentes adquieren el color del entorno en que se encuentran; pero no hay excusa para que la mente resulte vencida por las circunstancias externas. Si la actitud mental de una persona cambia continuamente bajo las presiones de las

pruebas, esa persona está perdiendo la batalla de la vida. Esto es lo que sucede cuando
alguien que cuenta con buena salud y buena
disposición mental sale al mundo para ganarse
la vida y enseguida se abandona al fracaso en
cuanto encuentra los primeros obstáculos. Sólo
cuando *aceptas* el fracaso *eres* un fracasado.
El verdadero fracasado no es aquel que se
encuentra discapacitado por una enfermedad
ni el que realiza repetidos intentos a pesar de
los contratiempos, sino aquel que es perezoso,
física y mentalmente. La persona que rehúsa
pensar, razonar, discernir o utilizar su energía
creativa está ya muerta.

Aprende a utilizar la psicología de la victoria. Algunas personas aconsejan: «No hables
nunca sobre el fracaso»; pero eso sólo no
ayuda. En primer lugar, analiza tus fracasos
y sus causas, aprovecha la experiencia y luego
desecha todo pensamiento al respecto. Aunque
fracase muchas veces, la persona que persevera
en su intento, la que no ha sido vencida en su
interior, es en verdad una persona victoriosa.

Poco importa que el mundo la pueda considerar un fracaso: si esa persona en su mente no ha desistido, a los ojos del Señor no ha sido vencida. He aprendido esta verdad de mi contacto con el Espíritu.

Siempre estás comparando tu suerte con la de los demás. Siempre hay alguien más despierto o exitoso que tú y, por consiguiente, te sientes desafortunado. Ésta es una paradoja de la naturaleza humana. No te lamentes de tu suerte. Cuando comparas con envidia lo que tienes con lo que otro posee, provocas tu propia derrota. ¡Si conocieras la mente de los demás, no querrías ser ninguna otra persona sino tú mismo!

No deberíamos envidiar a nadie. Dejemos que los otros nos envidien. Aquello que somos, nadie más lo es. Debes estar orgulloso de lo que tienes y de lo que eres. Nadie tiene una personalidad como la tuya; ni un rostro como el tuyo; tu alma es diferente de todas las demás. Eres una creación única de Dios. ¡Deberías estar sumamente orgulloso!

La ciencia del Yoga
destruye los pensamientos erróneos

Decir que no existe el mal es poco realista. No podemos escapar del mal ignorándolo. ¿Qué es el mal? Cualquier cosa que impida la percepción de Dios. Él conoce todos nuestros pensamientos y actos erróneos, y los problemas en los que estamos inmersos. Si Él no supiera que el mal existe, ¡sería un Dios muy ignorante! Así pues, el bien y el mal, lo positivo y lo negativo, coexisten en este mundo. Mucha gente se asusta sin motivo de los pensamientos negativos, mientras trata de mantener una actitud mental positiva. Es inútil negar que los pensamientos negativos existen, pero tampoco hay que temerlos. Utiliza tu discernimiento para analizar los pensamientos equivocados y, luego, deséchalos.

Una vez que el veneno de un pensamiento negativo se apodera del ego[2], es muy difícil

[2] La conciencia humana, identificada con el cuerpo y, por lo tanto, con las limitaciones mortales. La conciencia

librarse de él. Se cuenta la historia de un hombre que trataba de sacar un espíritu maligno de una mujer. Este hombre le arrojó a la mujer semillas de mostaza que supuestamente deberían ahuyentar al espíritu. Pero el espíritu maligno rió: «Me introduje en las semillas de mostaza antes de que las arrojaras, así que no tendrán ningún efecto sobre mí». De igual forma, cuando el veneno de los pensamientos negativos ha impregnado tu mente, el poder de la mente ya no funciona. El «espíritu maligno» de los pensamientos negativos se introduce en las «semillas de mostaza» de tu fuerza mental. De ese modo, si has estado enfermo durante un mes, tiendes a pensar que estarás siempre enfermo. ¿Cómo puede un mes de enfermedad anular los muchos años de buena salud que has gozado? Tal razonamiento es injusto para tu mente.

Los verdaderos metafísicos sondean la conciencia del alma y, con su poder divino,

---

divina del alma se identifica con Dios y es impermeable a las influencias negativas.

expulsan todo rastro de mal de sus vidas. Éste
es el modo que tiene el Yoga de destruir todo
lo que obstaculice la unión del alma con Dios;
no se trata de un método imaginario, sino científico. El Yoga es el camino más elevado hacia
Dios. Por medio del Yoga, dejarás atrás todos
los pensamientos negativos y experimentarás
plenamente los estados superiores de conciencia.
El Yoga es el sendero del científico espiritual.
Es pura ciencia, una ciencia completa. El Yoga
te enseña a mirarte a los ojos con honestidad y
a descubrir qué eres y, luego, con toda la fuerza
de tu alma, a destruir el mal que haya en ti. No
se puede negar el mal sin más. Por mucha que
sea su persistencia, el científico espiritual jamás
se desanima, pues sabe que no existen problemas de tanta magnitud como para superar la
fuerza que el Señor le ha otorgado.

Analízate con sinceridad
para que puedas perfeccionarte

Aprende a analizarte a ti mismo mediante
la observación de lo negativo y lo positivo.

Pregúntate: «¿Cómo llegué a ser lo que soy? ¿Cuáles son mis características favorables y las menos favorables, y cómo las adquirí?». Luego, dedícate a destruir la mala cosecha. Elimina de tu alma la cizaña constituida por los rasgos negativos y cultiva más semillas de cualidades espirituales a fin de aumentar la buena cosecha. Conforme reconozcas tus debilidades y las elimines de un modo científico, te fortalecerás. En consecuencia, no debes permitir que tus fragilidades te desanimen; de lo contrario, estarás admitiendo que eres un fracaso. Debes ser capaz de ayudarte mediante un autoanálisis constructivo. Aquellos que no ejercitan sus facultades de discernimiento están ciegos; la natural sabiduría del alma ha sido eclipsada por la ignorancia. Ésa es la razón de que la gente sufra.

Dios nos ha concedido el poder de eliminar la ignorancia y descubrir nuestra sabiduría innata, de la misma forma en que Él nos ha dado el poder de abrir nuestros párpados y percibir la luz. Practica la introspección todas las noches, y lleva un diario mental; y durante el día, de vez en cuando, detente unos instantes y analiza lo que estás haciendo y pensando. Quienes no se analizan jamás cambian: ni menguan ni crecen, se estancan. Y éste es un estado peligroso de la existencia.

Te estancas cuando permites que las circunstancias anulen tu buen juicio. Es en verdad muy fácil perder el tiempo y olvidar el reino de Dios. De esta forma, te demoras demasiado en pequeñas cosas y no dispones de tiempo para pensar en Él. Cuando te analices cada noche, debes vigilar que no estés estancándote. No viniste al mundo para perderte, sino para encontrar tu verdadero Ser. Dios te envió aquí como su soldado para obtener la victoria sobre tu propia vida. Eres su hijo, y el mayor pecado es olvidar o posponer tu deber supremo: obtener la victoria sobre tu pequeño ser y recuperar el lugar que te corresponde en el reino de Dios.

La conquista de uno mismo
es la mayor victoria

Cuanto más grandes sean tus problemas, mayor es la oportunidad que tienes de mostrar al Señor que eres un Napoleón, o un Gengis Kan, del espíritu: es decir, un conquistador de tu propio ser. ¡Hay tantas imperfecciones en nuestro interior que deben ser superadas! El que consigue ser amo de sí mismo es un verdadero conquistador. Debes esforzarte por hacer lo que yo hago: lograr constantemente mi victoria interior. Y en esta victoria descubro que el mundo entero está a mis órdenes. Los elementos, que parecen tan misteriosos, las escrituras, que parecen tan contradictorias: todo se aclara ante la gran luz de Dios. Bajo esa Luz, todo se comprende y se domina. El único propósito por el cual fuiste enviado aquí es obtener la sabiduría de Dios; y si, por el contrario, buscas cualquier otra cosa, sólo lograrás castigarte a ti mismo. Encuentra tu Ser y encuentra a Dios. Y sin importar lo que la vida te exija, esfuérzate por hacerlo de la mejor forma posible. Mediante el discernimiento, mediante las acciones correctas, aprende a conquistar cada obstáculo y logra el dominio de ti mismo.

En tanto te preguntes si vas a obtener la victoria o a perder en las batallas de la vida, seguirás siendo derrotado. Pero cuando estás embriagado por la felicidad de Dios que mora en tu interior, te vuelves más positivo... y más humilde. No retrocedas, y no permanezcas inmóvil. La mayoría de las personas están estancadas o atareadas en una pugna entre sus buenas y malas tendencias. ¿Cuáles ganarán? La tentación es la voz de Satán que susurra dentro de tu mente. Satán siempre trata de que cometas errores. El que nos asalte la debilidad no es pecado, pero en el instante en que renuncias al esfuerzo de vencerla, estás perdido. En la medida en que perseveres, en la medida en que te levantes cuando caigas, triunfarás. No es la victoria en sí misma la que proporciona placer, sino el poder y la satisfacción que experimentas cuando conquistas una debilidad.

Estudia la vida de los santos. Aquello que es fácil de realizar no es el camino del Señor; su camino es ¡aquello que es difícil de hacer! San Francisco tuvo más problemas de los que puedas imaginar, pero jamás desistió. Uno por uno, mediante el poder de la mente, superó los obstáculos y logró la unión con el Amo del Universo. ¿Por qué no habrías de tener tú tal determinación? Con frecuencia pienso que el acto más pecaminoso en la vida es admitir el fracaso porque, al hacerlo, niegas el poder supremo de tu alma, la imagen de Dios que mora en tu interior. Nunca te des por vencido.

Desarrolla el gusto por esas actividades que te ayudarán a tener un mayor dominio sobre ti mismo. La verdadera victoria consiste en llevar a cabo las buenas determinaciones a pesar de todas las dificultades. No permitas que nada quebrante tu determinación. La mayoría de la gente piensa «Voy a dejarlo por hoy; lo intentaré de nuevo mañana». No te engañes; esa manera de pensar no te traerá la victoria. Si tomas una decisión y nunca cejas en el intento de llevarla a cabo, triunfarás. Santa Teresa de Ávila dijo: «Los santos son pecadores que jamás se dieron por vencidos». Aquellos que nunca abandonan la lucha, finalmente obtienen la victoria.

Ten confianza en tu bondad innata

Un día abandonarás este mundo. Algunas personas llorarán por ti y otras, tal vez, digan algunas palabras en tu contra. Pero recuerda que te acompañarán todos los malos pensamientos que hayas tenido, así como los buenos. De ahí que tengas la obligación primordial de observarte, corregirte y esforzarte al máximo por mejorar. No hagas caso de lo que los demás puedan decir o hacer en contra de ti, en tanto procures hacer lo correcto con sinceridad. Siempre trato de no enfadarme con nadie, y dentro de mi corazón sé que he desplegado todos mis esfuerzos por ser bondadoso con todos. Pero no me importa la opinión de los demás, ya sea ésta un elogio o una crítica. Dios está conmigo y yo estoy con Él.

Lo dicho no es jactancia, sino el resultado

de haber experimentado en mi propia conciencia el enorme gozo de sentir la seguridad en mi alma de que nadie puede empujarme a la venganza. Me daría un bofetón antes de tratar mal a una persona. Si te mantienes fiel a tu decisión de ser amable, a pesar de que la gente quiera alterarte, serás un conquistador. Reflexiona en esto. Cuando estás amenazado pero permaneces en calma y sin miedo, has logrado la victoria sobre tu pequeño ser. Tus enemigos no pueden tocar tu espíritu.

No podría considerar siquiera la posibilidad de ser cruel, incluso frente a un enemigo mortal. Eso me heriría. Veo tanta falta de bondad en el mundo que no hay excusa para que yo contribuya a esa situación. Cuando amas a Dios y le ves en cada alma, no puedes ser mezquino. Si alguien intenta herirte, piensa en la mejor manera de comportarte afectuosamente hacia esa persona. Y si aun así se niega a ser amable, aléjate de ella por un tiempo. Mantén tu amabilidad a resguardo, pero no permitas que un atisbo de descortesía estropee tu conducta.

Una de las mayores victorias sobre el pequeño ser radica en estar seguro de tu capacidad para ser considerado y prodigar amor, en saber con seguridad que nadie puede hacerte actuar en forma diferente. Practica esto. Ni todo el gobierno de Roma podría haber despertado el odio en Cristo. Incluso por los que lo crucificaron, él rogó: «Padre, perdónalos, porque no saben lo que hacen»[3].

Cuando estás seguro de tu autocontrol, tu victoria es más grande que la de un dictador, ya que es una victoria que se yergue inmaculada ante el tribunal de tu conciencia. Tu conciencia es tu juez. Permite que los pensamientos sean el jurado y tú el acusado. Ponte a prueba todos los días y descubrirás que en la medida en que dejes el castigo en manos de tu conciencia, y en tanto te sentencies estrictamente a ser positivo —a ser fiel a tu naturaleza divina—, vencerás.

[3] *San Lucas* 23:34.

El alma debe lograr la victoria

La edad no constituye una excusa para no tratar de cambiar. La victoria no reside en la juventud sino en la perseverancia. Cultiva la perseverancia que tuvo Jesús. Compara su mentalidad, cuando llegó el momento de dejar su cuerpo, con la de cualquier hombre libre presuntamente exitoso que caminara por las calles de Jerusalén. Hasta el último momento, en cada prueba —incluso cuando fue encarcelado y crucificado por sus enemigos—, Jesús obtuvo la suprema victoria. Él tenía poder sobre toda la naturaleza; y jugó con la muerte para conquistar la muerte. Aquellos que la temen permiten que la muerte los venza. Pero aquellos que se enfrentan a sí mismos, y tratan todos los días de cambiar para bien, se enfrentarán a la muerte con valor y alcanzarán la verdadera victoria. Esta victoria del alma es la más importante.

Para mí ya no existe velo alguno entre la vida y la muerte, así que la muerte no me aterra en absoluto. El alma encarnada es como una ola en el océano. Cuando alguien muere, la ola del alma se hunde y desaparece bajo la superficie del océano del Espíritu, que es el lugar de donde proviene. La verdad acerca de la muerte permanece oculta para la conciencia de la gente común, que no realiza esfuerzo alguno por conocer a Dios. Estas personas no pueden concebir que en su interior se encuentre el reino de Dios, colmado de sus divinas maravillas. Allí no hay dolor, pobreza, preocupaciones o pesadillas que puedan engañar al alma. Lo único que debo hacer es abrir mi ojo espiritual, y entonces la Tierra desaparece y otro mundo se revela. En ese mundo contemplo al Dios infinito. Este estado llega a través de un equilibrio entre la actividad y la meditación. Es necesario desarrollar una intensa actividad: no con el deseo de servirse a uno mismo, sino con el deseo de servir a Dios. E igualmente necesario es el esfuerzo diario de experimentar la presencia de Dios a través de la meditación profunda.

Mantén el equilibrio entre los deberes materiales y tu búsqueda de Dios

El hecho de que seas una persona muy ocupada no justifica que olvides a Dios. Los devotos que avanzan por el sendero espiritual atraviesan muchas más pruebas que quienes siguen un sendero material, así que no utilices tus obligaciones terrenales como excusa para ignorar a Dios.

No debes descuidar a Dios por el trabajo, y no debes descuidar el trabajo por Dios. Debes armonizar ambas actividades. Medita todos los días, y piensa en Dios cuando lleves tu pesada carga de obligaciones terrenales. Siente que estás haciéndolo todo para complacerle. Si te hallas ocupado para Dios, entonces no importará qué tareas te encuentres realizando, pues tu mente estará siempre con Él.

En la complicada lucha por mantener el equilibrio entre meditación y actividad, la mayor seguridad reside en la conciencia del Señor. Todo lo que hago con la conciencia de Dios se vuelve meditación. Aquellos que

81

beben habitualmente pueden trabajar mientras permanecen bajo la influencia del alcohol. Así pues, si estás habitualmente embriagado con Dios, puedes trabajar sin interrumpir tu comunión divina interior. En el estado de meditación profunda, cuando tu mente se ha retirado de todo y te has unificado con la conciencia de Dios, ningún pensamiento perdido cruzará el umbral de tu memoria. Permanecerás con Dios detrás de la poderosa puerta de hierro de tu concentración y devoción, que ni dioses ni duendes se atreverán a atravesar. ¡Ése es el más maravilloso estado de la victoria!

Apártate de los demás, de vez en cuando, simplemente para estar con Dios. No veas a nadie. Practica la introspección, estudia y medita. La noche es el mejor momento para el recogimiento. Crees que no puedes cambiar tus hábitos ni seguir los consejos anteriores porque estás demasiado ocupado. Pero toda la noche es para ti, de modo que no hay excusa para no buscar a Dios. No temas perder la salud por prescindir de unas horas de sueño.

A través de la meditación profunda mejorarás tu salud.

A partir de una determinada hora de la noche, mi mente no está en el mundo; me encuentro mentalmente apartado de todo. Dormir tiene poca importancia en mi vida. Por la noche trato de dormir como los demás, pero una gran Luz aparece y todo pensamiento de sueño se esfuma. Cuando no duermo, nada echo de menos. En el estado del despertar eterno descubro que el sueño no existe. El gozo de la sabiduría divina invade mi conciencia.

Percibo el drama de Dios que nadie más puede sentir, salvo aquellos a los que Él se revela. Soy parte de este drama del mundo, pero al mismo tiempo estoy apartado de él. Veo a todas las personas como actores de esta obra de teatro cósmica. El Señor es el director. Aunque tienes asignado un papel, Dios no te ha hecho un autómata. Él desea que desempeñes tu papel con inteligencia y que tomes plena conciencia de que estás actuando únicamente para Él y para nadie más. Así deberías pensar.

Dios te ha elegido para un determinado papel en este mundo, y ya seas un hombre de negocios, el encargado de cuidar una casa o un obrero, haz lo posible para agradarle a Él solamente. Entonces saldrás victorioso de las limitaciones y del sufrimiento de este mundo. El que posee a Dios en su seno tiene todos los poderes de los ángeles con él. Nada puede obstaculizar su victoria.

Cuando caminas a ciegas a través del valle de la vida, y perdido en la oscuridad, necesitas la ayuda de alguien que pueda ver. Necesitas un gurú. El único modo de salir del cenagal que se ha formado en el mundo es seguir a alguien que esté iluminado. [...] El verdadero camino hacia la libertad reside en el Yoga, en el análisis científico de uno mismo y en seguir a alguien que haya atravesado el bosque de la teología y pueda conducirte con seguridad hacia Dios. [...]

Alcanzar a Dios supone la victoria definitiva

Recuerda: No pienses que no puedes cambiar y mejorar. Analízate cada noche; medita profundamente y ora: «Señor, he vivido demasiado tiempo sin Ti. Ya he jugado bastante con mis deseos. ¿Ahora qué va a ser de mí? Debo tenerte. Ven en mi ayuda. Rompe tu voto de silencio. Guíame». Posiblemente Él permanezca en silencio diez veces, pero en cualquier momento, y cuando menos te lo esperes, Él vendrá a ti. El Señor no puede permanecer apartado. Mientras albergues una curiosidad impura, Él no vendrá; pero si eres realmente sincero, entonces estará contigo dondequiera que te encuentres. Y esto merece todos los esfuerzos que puedas llevar a cabo.

La soledad es el precio de la grandeza. Evita frecuentar los lugares ruidosos. El ruido y la actividad inquieta mantienen los nervios excitados con la emoción. Ése no es el camino para llegar a Dios, sino el camino hacia la destrucción, porque lo que destruye tu paz te aparta de Dios. Pero cuando te hallas en calma y en silencio, estás con el Señor. Yo intento permanecer en mi interior la mayor parte del tiempo; pero tanto si me encuentro a solas como en medio de una multitud, hallo el recogimiento necesario en mi alma. ¡Qué cueva tan profunda! Todos los ruidos de la Tierra se desvanecen y el mundo deja de existir para mí mientras deambulo por mi caverna de paz. Si aún no has descubierto este reino interior, ¿por qué estás desperdiciando tu tiempo? ¿Quién te salvará? Nadie sino tú mismo. Así pues, no pierdas más el tiempo.

Incluso si fueses un discapacitado físico, ciego, sordo y mudo, y el mundo te hubiese abandonado, ¡no desistas! Si oras, «Señor, no puedo acudir a tu templo a causa de mis débiles ojos y piernas, pero con toda mi mente estoy pensando en Ti», entonces el Señor viene y dice: «Hijo, el mundo te abandona, pero Yo te llevo en mis brazos. Ante mis ojos tú has logrado la victoria». Vivo cada día en la gloria de esta conciencia de su presencia. Siento un maravilloso desapego de todo lo demás. Incluso cuando trato de sentir un deseo especial por algo, mi mente se encuentra desapegada. El Espíritu es mi alimento; el Espíritu es mi gozo; el Espíritu es mi templo y mi audiencia; el Espíritu es la biblioteca de la que extraigo inspiración; el Espíritu es mi amor y mi Bienamado. El Espíritu de Dios es el que satisface todos mis deseos, porque en Él hallo toda la sabiduría, todo el amor, toda la belleza, todas las cosas. No tengo otra ambición ni deseo más que Dios. Cualquier cosa que busco la hallo en Él; y lo mismo te sucederá a ti.

Cada esfuerzo espiritual que hagas te brindará un eterno regalo del alma

No pierdas más el tiempo, porque cuando tengas que cambiar la residencia de tu cuerpo tardarás mucho en disponer de otra oportunidad para buscar intensamente a Dios, y tendrás que pasar primero por el renacimiento, las fatigas de la infancia y las inquietudes de la juventud. ¿Por qué malgastar tu tiempo en deseos inútiles? Es una locura perder la vida buscando cosas que habrás de abandonar al morir. Nunca hallarás la felicidad de esa forma. Pero cada esfuerzo que hagas para establecer contacto con Dios durante la meditación te brindará un eterno regalo del alma. Empieza ahora, si es que eres un verdadero amante de Dios y buscas no tu gloria, sino la gloria del Espíritu.

Cada uno debe ganarse su propia victoria. Toma la resolución de que alcanzarás la victoria suprema. No necesitas ni un ejército, ni dinero, ni cualquier otra ayuda material, para conseguir la mayor victoria que es posible alcanzar: tan sólo precisas una poderosa determinación de que vas a vencer. Todo lo que debes hacer es sentarte en silencio y meditar y, con la espada del discernimiento, cortar el avance, uno a uno, de los pensamientos inquietos. Cuando hayas acabado con todos, el reino divino de la calmada sabiduría será tuyo.

Cada uno de los que hayan prestado atención a este sermón, y hagan un esfuerzo sincero para cambiar, experimentarán una mayor comunión con Dios y, en Él, la eterna y verdadera victoria del espíritu.

Reseña del autor

PARAMAHANSA YOGANANDA (1893-1952) es mundialmente reconocido como una de las personalidades espirituales más ilustres de nuestro tiempo. Nació en el norte de la India y en 1920 se radicó en Estados Unidos, donde enseñó, durante más de treinta años, la antigua ciencia de la meditación —originaria de su tierra natal— y divulgó el arte de vivir la vida espiritual en forma equilibrada. A través de la célebre historia de su vida, *Autobiografía de un yogui,* así como también por medio del resto de sus numerosos libros, él ha dado a conocer a millones de lectores la perenne sabiduría de Oriente. *Self-Realization Fellowship* —la sociedad internacional que Paramahansa Yogananda fundó en 1920 con el fin de diseminar sus enseñanzas en todo el mundo— continúa llevando a cabo su obra espiritual y humanitaria bajo la dirección de Sri Daya Mata, una de sus más antiguas y cercanas discípulas.

Autobiografía de un yogui
Paramahansa Yogananda

Esta célebre autobiografía es, a un mismo tiempo, el fascinante relato de una vida extraordinaria y una mirada penetrante e inolvidable a los misterios finales de la existencia humana. Elogiada desde su primera edición como una obra cumbre de la literatura espiritual, *Autobiografía de un yogui* continúa siendo uno de los libros más difundidos y respetados que se hayan publicado jamás sobre la sabiduría de Oriente.

Con cautivadora sinceridad, elocuencia y buen humor, Paramahansa Yogananda narra la inspirativa historia de su vida: las experiencias de su extraordinaria infancia; los encuentros que mantuvo con numerosos santos y sabios durante la búsqueda que emprendió en su juventud, a través de toda la India, en pos de un maestro iluminado; los diez años de entrenamiento que recibió en la ermita de un venerado maestro de yoga, así como también los treinta años que vivió y enseñó en Estados Unidos. Además, relata las ocasiones en que se reunió con Mahatma Gandhi, Rabindranath Tagore, Lutero Burbank, Teresa Neumann (la santa católica estigmatizada) y otras renombradas personalidades espirituales tanto de Oriente como de Occidente. Incluye también el extenso material que él añadió después de que se publicase la primera edición en 1946, así como un capítulo final sobre los últimos años de su vida.

Considerada como una obra clásica de la literatura espiritual moderna, *Autobiografía de un yogui* ofrece una profunda introducción a la antigua ciencia del Yoga. Traducida a más de veinte idiomas y empleada como libro de texto y de consulta en un gran número de universidades, esta obra constituye un *bestseller* permanente, que ha sido acogido entusiastamente por millones de lectores en el mundo entero.

«Un relato excepcional».

—The New York Times

«Un estudio fascinante, expuesto con claridad».

—Newsweek

«El lector de los tiempos actuales rara vez encontrará un libro tan hermoso, profundo y veraz como *Autobiografía de un yogui*. [...] Es una obra pletórica de conocimientos y rica en experiencias personales [...]. Uno de los capítulos más deslumbrantes del libro es el que trata de los misterios de la vida más allá de la muerte».

—La Paz (Bolivia)

«Nunca antes se había escrito, ya sea en inglés u otra lengua europea, algo semejante a esta exposición del Yoga».

—Columbia University Press

Otras obras de Paramahansa Yogananda

*Estas publicaciones se pueden adquirir en diversas librerías
o solicitar directamente al editor
(www.yogananda-srf.org)*

Charlas y ensayos:

Volumen I: La búsqueda eterna
Volumen II: El Amante Cósmico
Volumen III: El viaje a la iluminación

Afirmaciones científicas para la curación
Cómo conversar con Dios
Diario espiritual
Donde brilla la luz: *Sabiduría e inspiración
para afrontar los desafíos de la vida*
En el santuario del alma: *Cómo orar
para obtener la respuesta divina*
La ciencia de la religión
La ley del éxito
La paz interior: *El arte de ser calmadamente activo
y activamente calmado*
Máximas de Paramahansa Yogananda
Meditaciones metafísicas
Por qué Dios permite el mal y cómo superarlo
Susurros de la Eternidad
Vive sin miedo: *Despierta la fuerza interior de tu alma*

Lecciones de Self-Realization Fellowship

Las técnicas científicas de meditación que enseñó Paramahansa Yogananda —entre las que se incluye *Kriya Yoga*—, así como su guía sobre la manera de llevar una vida espiritual equilibrada, se describen en las *Lecciones de Self-Realization Fellowship*. Si desea recibir mayor información al respecto, sírvase solicitar el folleto gratuito *Un mundo de posibilidades jamás soñadas*.

SELF-REALIZATION FELLOWSHIP
3880 San Rafael Avenue • Los Angeles, CA 90065-3298, EE.UU.
Tel.: (323) 225-2471 • Fax: (323) 225-5088
www.yogananda-srf.org